अल्फ़ाज़

2k20

Conceptualized by:

निखिल गौर

सन्मति

Title : Alfaaz

ISBN: 9788194712916

प्रकाशक

सन्मति पब्लिशर्स एण्ड डिस्ट्रीब्यूटर्स

बी-347, संजय विहार,

मेरठ रोड, हापुड़-245101 (उ0प्र0)

website : www.sanmatiindia.com

email: sanmati555@gmail.com

मो. : 8439645104

प्रथम संस्करण : अगस्त 2020

आभार

मैं इस काबिल नहीं था कि कुछ करता या लिखता, लेकिन प्रत्येक व्यक्ति की सफलता का कोई ना कोई राज़ होता है। लोगों में विख्यात है कि कुछ पाने के लिए कुछ खोना पड़ता है। मेरा मानना है कि कुछ पाने के लिए कुछ करना पड़ता है। इसलिए मैंने किया अर्थात लिखा "अल्फ़ाज़"। यह मेरा सपना था कि उन सभी लेखकों के सपनों को उड़ान दूँ, जो प्रतिभावान होकर भी अपने लेखन की प्रतिभा को लोगों के समक्ष नहीं पहुँचा पा रहे है।

मैं उन सभी लोगों को विशेष आभार व्यक्त करता हूँ, जिन्होंने मुझे इस कार्य में भरपूर सहायता दी और अपनी निष्ठा और कठोर परिश्रम से इस कार्य को सफलतापूर्वक संपूर्ण कर मेरे उस सपने को सच में परिवर्तित कर दिया।

मैं "अल्फ़ाज़" के सभी सह-लेखकों के स्नेह, प्रेम व उनकी मेहनत से अभिभूत हूँ और हृदय से शुक्रिया अदा करना चाहता हूँ। जिन्होंने अपनी भावनाओं, कौशलों और कला को इस किताब में दर्शाया।

यह किताब परिणाम है हमारे लेखकों के प्रयास, अपनत्व, अनुभव और उनके हर पल साथ का, इनके बिना इस पुस्तक का सफलतापूर्वक प्रकाशित हो पाना लगभग असंभव सा ही था। इसी कारण हमारी पूरी टीम प्रशंसा की पात्र है। अत्यंत कृतज्ञतापूर्वक मैं विशेष धन्यवाद समर्पित करता हूँ हमारी संपादिका शिवी मीणा और टीम समन्वयक नीरज अहिरवार का।

मैं शुक्रगुज़ार हूँ परमात्मा का जिनके सानिध्य में मैंने यह पुस्तक पूर्ण की और हर उस व्यक्ति का भी जो इस सफर में मेरे साथ रहा।

\- **निखिल गौर**

अनुक्रमाणिका

निखिल गौर

(Founder & Manager)

निखिल गौर अभी अपने लेखन के कार्य के साथ कम्प्यूटर साइंस से बी.टेक, कर रहे हैं। निखिल गौर ने अभी तक बहुत से लेखकों के साथ काम करके और अपने लेखन को पहली प्राथमिकता देकर अभी तक अपनी 3 किताबें “जिंदगी-एक सफर” और "ज़िंदगी एक सफर भाग-2" और “बंद लिफाफें” प्रकाशित कर लगभग 50 लेखकों को अपनी किताब में प्रकाशित होने का मौका दे चुके हैं। और अब इस किताब में भी 11 लेखकों को मौका देकर “अल्फ़ाज़ 2k20” में संपादक की भूमिका अदा कर रहे हैं। और इसी प्रकार से प्रतिभाशाली लेखकों को मौका देकर लोगों तक कुछ मनोरंजक कथावस्तु पहुँचाना चाहते हैं।

आप इनसे जुड़ सकते हैं-

Facebook-nikhil gour

Instagram-@nikhilgour152 , @_zindagi_ek_safar__

@zindagi_ek_safar_official__

Twitter-@nikhilgour8

Gmail-nikhilgour152@gmail.com

मैं खुद मेरे साथ हूँ

मैं खुद मेरे साथ हूँ किसी और की मुझे जरूरत नहीं
मैं खुद ही मेरा प्यार हूँ .. किसी और के इज़हार की मुझे जरूरत नहीं
कह लो इसे एक तरफा, या फिर अकेला ही सही,
अकेला हूँ पर कमजोर नहीं,
खुद के इश्क़ में डूबा हूँ.. किसी और के नशे में चूर नहीं,

हर लम्हा खुद के साथ जी रहा हूँ,
किसी खास लम्हों की मुझे जरूरत नहीं
बदलना है मुझे खुद को, किसी और को नहीं..
अकेला हूँ तो क्या हुआ
किसी भीड़ का मै शोर तो नहीं
मैं खुद मेरे साथ हूँ किसी और की मुझे जरूरत नहीं
मैं खुद ही मेरा प्यार हूँ .. किसी और के इज़हार की मुझे जरूरत नहीं.

खुद के साथ खुद की जिंदगी बिताने का ये मौका,
कही अधूरा ना रह जाये...
अकेला हूँ तो क्या हुआ
बस डर इस बात का है,
कही कोई सपना अधूरा ना रह जाये,
मेरी बस यही दुआ है कि,
हर मंज़िल तक पहुँचने के लिए रास्ते मिलते रहें...

मंज़िल के हर मोड़ पर कोई हमसफर हो..
यह जरूरी तो नहीं..
मैं खुद मेरे साथ हूँ किसी और की मुझे जरूरत नहीं...

गुलेल से निकला हुआ पत्थर हूँ..
कोई हाथ से फेंका हुआ नहीं, बड़ी दूर तक जाऊँगा,
कोई अब रूखूँगा नहीं..
जिंदगी मैं जीऊंगा...
और जीत कर बताऊँगा ..
कह लो इसे एक तरफा, या फिर अकेला ही सही...

ग़ज़ल

जब से पढ़ने लगा हूँ मैं तुम्हारी आँखों को,
मुझे किताबों को पढ़ना अच्छा नहीं लगता।

ये जो जी रहा हूँ मैं, क्या खाक जीना है,
अब बिन तुम्हारे जीना अच्छा नहीं लगता।

लाख बढ़ा ले “कद” अपना तू मगर सुन ले,
बिन गुलाबों के गुलदस्ता अच्छा नहीं लगता।

चार-चार औलादों को जिस पिता ने पाला है,
सड़कों पर उनका बुढ़ापा अच्छा नहीं लगता।

हिन्दू-मुसलमां दोनों के वालिद की जागीर है,
‘निक’ तेरे मुल्क में सियापा अच्छा नहीं लगता।

ग़ज़ल

यहाँ अभी जो था खड़ा, वो किधर गया आदमी,
अब तक जाना था सुधर, बिगड़ गया है आदमी।

कदर न की सयानों की ये अंजाम इसीलिये हुआ,
तिनके की तरह टूट के, बिखर गया है आदमी।

निशां मील के पत्थरों के, जो लगे थे राह में,
गिरा दिये, मिटा दिये तो बिछड़ गया है आदमी।

मौका मिला तो नोंचने में, कसर कोई छोड़ी नहीं,
इतने बड़े जहान में, सिकुड़ गया है आदमी।

चकाचौंध नोट की यूँ कमजोर है कर गई,
बह गया है पसीना और निचुड़ गया है आदमी।

अपने-अपने में लगे हैं, समेटने जितना बने,
आइने में देख खुद को सिहर गया है आदमी।

ग़ज़ल

जीत लेकर हार लेकर क्या करेंगें,
बेवफा का प्यार लेकर क्या करेंगें।

जान तो उस जान के संग जा चुकी,
अब दवा बेकार, लेकर क्या करेंगें।

जिंदगी अपमान से तौली गई तो,
कीमती उपहार लेकर क्या करेंगें।

नायिका प्यासी रही हो जिस्म की जब
उस कथा का सार लेकर क्या करेंगें।

भूख हमको गोलियों की हो गई,
चाकुओं की धार लेकर क्या करेंगें।

एक दिल काफी है जीने के लिए
यार हम दो चार लेकर क्या करेंगें।

देना हो तो तंदुरुस्ती से भर दो
इश्क हम बीमार लेकर क्या करेंगें।

आँख, होंठे, चाल, मुस्काना, बहुत है,
हाथ में हथियार लेकर क्या करेंगें।

मुश्किलों का यार हूँ

मंज़िल मेरी आसमां, जमीं से ना कोई बास्ता
थक गए है पैर मेरे, पर मिला ना कोई रास्ता
बहुत मील हमसफर, पर मिला ना कोई खास सा
लगा के ये जान मेरी, मिल जाये कोई रास्ता
ये लक्ष्य मेरे साथ है, तो क्या खूब ये बात है
छू जाऊँगा मैं आसमां, क्योंकि मेहनती शियार हूँ
आसानियां कहाँ मेरी, मैं तो मुश्किलों का यार हूँ...

बहुत मिले लोग मुझे, मगर बात उनकी क्यों सुनूँ
बचपन से ये ज़िद मेरी, मैं सपने अपने खुद बुनूं
लालटेन की लौ थी, वो अब रात में ही बुझ गयी
जिंदगी में अब मेरी, जीत की मशाल जल गई
छोड़ लोग जहान के, बस माँ बाप का मैं प्यार हूँ
आसानियां कहाँ मेरी, मैं तो मुश्किलों का यार हूँ...

लोग कहते डर गया मैं, हार से था मर गया मैं
कह दूँ उन लोग से, मैं सिर्फ हार का शिकारी हूँ
दर्द इस बात का, मैं सिर्फ जीत का भिखारी हूँ
वाबजूद इसके मै, इस खेल के शेर पे सवार हूँ
क्योंकि आसानियां कहाँ मेरी, मैं तो मुश्किलों का यार हूँ...

मुश्किलों से डर गया जो, जिंदगी से मर गया वो
खुशियाँ छोड़ हिस्से की, ज़ख्मों से था भर गया वो
जिंदगी एक खेल है, इस खेल का खिलाड़ी मैं
रेस से बाहर होकर, रोक दूँ क्या गाड़ी मैं
मगर मंज़िल मेरी आसमां, जमी का ना इंतज़ार हूँ
क्योंकि आसानियां कहाँ मेरी, मैं तो मुश्किलों का यार हूँ

मैं तो मुश्किलों का यार हूँ
मैं तो मुश्किलों का यार हूँ ...

Quotes

मेरी किताबों में एक उसूल लिखा इश्क़ का
तुम्हें छूने से पहले हमेशा इज़ाज़त माँगी जायेगी
और अगर तुम पलकें झुकाकर शरमाओगी
तो मोहब्बत मानी जायेगी...

***

मैं अपनी कामयाबी को पाने के लिए यूँ आग न होता
तो बेशक! ये जमाना मुझसे जल कर यूँ राख न होता...

***

मेरी मोहब्बतें लहरें हैं,
वो कोई न कोई किनारा ढूँढ ही लेती हैं
मुझमें अकड़ है समुंदर सी
मैं ठहरा रहता हूँ...

***

दौलत से दोस्ती खरीद सकता है,
पर जिगरी यार नहीं खरीद पायेगा
जिस्म तो बिकते हैं बाजार में,
पर तू प्यार नहीं खरीद पायेगा...

ये पल दो पल का सहारा है मेरा
तुम इसे प्यार मत समझ लेना
इतना तो मैं किसी का भी हो जाता हूँ
तुम मुझे तुम्हारे इश्क़ में बीमार मत समझ लेना...

***

मत पूछना मेरी शायरियों की औकात,
हर रोते हुए को चैन से सुला देता हूँ
रोते हुए को हँसा देता हूँ,
हँसते हुए को रुला देता हूँ...

***

प्यार, मोहब्बत, रूठना, मनाना सब कुछ लाज़िमी है
बस ये गुरूर नहीं देख पाएँगे
दूर जाने वाले बेशक दूर चले जायें
वैसे भी अब हम ज्यादा दूर नहीं देख पाएँगे...

***

हौसला बुलंद रख,
यहाँ कभी इंसान नहीं हारता
सिर्फ कोशिशें हार जाती हैं
जिंदगी वो नदी है,
जहाँ जिंदे डूब जाते हैं
और लाशें तैर जाती हैं...

शिवी मीना

(Editor)

शिवी मीना मध्य प्रदेश के खंडवा जिले में रहती हैं। पढ़ाई के साथ-साथ वह ट्रैवलिंग, फ़ोटोग्राफ़ी, व संगीत सुनने की भी शौकीन हैं एवं अर्धशासकीय विभाग में कार्यरत है। कविताएं लिखने के लिए उन्हें उनके नानाजी ने प्रेरित किया व मार्गदर्शन दिया। जिंदगी के पहलुओं को कविता के माध्यम से बयान करती हैं। इनकी कविताओं में आप किरदारों को महसूस कर पाते हैं व जुडा पाते हैं। इससे पहले भी "जिंदगी-एक सफर" और "बंद लिफ़ाफ़े" और "ज़िंदगी एक सफ़र Vol-2" पुस्तक में संपादिका व सहलेखक के रूप में कार्य किया व सफल प्रकाशन के बाद चौथी पुस्तक "अल्फ़ाज" में भी यही संपादक व सह-लेखक भूमिका अदा कर रही हैं। शिवी मीना का मानना है कि, "ज़िंदगी एक सफ़र" एक लेखक के लिए और उसकी कला का मंच है; जो प्रतिभाशाली लेखकों की सराहना करता है, व उन्हें भी मौका दिया।

Email-shivanimeena359@gmail.com

Instagram-@shivi_meena25

@_zindagi_ek_safar__

@zindagi_ek_safar_official__

सुनिए

सुनिए,
हाँ आप,
आप से ही कह रही हूँ,
हाँ आपसे ही
जो यह पढ़ रहे हैं

कहिए...
अब, कहो भी

क्या?
अरे वही,,
कि कितनी बुरी हूँ, कितनी अजीब हूँ
बाकी जैसी क्यों नहीं हूँ

गुस्सा है!
निकालो,

क्या कहा, नाराज हो?
दिखाओ, नाराजगी

क्या कहा, परेशान हो

कह कर, तो देखो
बोझ कम हो जाएगा

क्या कहा, समझ नहीं पाएँगे
ठीक है!
डायरी की तरह लिख कर जाहिर कर दो
सिर्फ सुनेंगे

क्या कहा? खास नहीं हो
हाँ,
तभी पढ़े जा रहे हो...

मैं

मिला था तुम्हारे "मैं" से
पूछा,
कहाँ थे? तुम
कहा, मैं नहीं वहाँ

तो फिर
कौन है तुम्हारी जगह

कहाँ,
खामोशी की चीखें है
समुद्र से गहरा दर्द है
रोशनी से मुलाकात को अरसा हो गया
बस अंधकार के दिन रात है

साँसों में तुम कैद हो
और "मैं" तो सिर्फ रेगिस्तान का धोखा हूँ
तो निकलेगा नहीं
ऐसा तूफान हूँ...

वाइन

कामयाबी का जश्न है मय
वाइन के साथ बनाती हूँ क्योंकि आजाद हूँ मैं?

अंधेरी रातों में कश लगाने का शौक रखती हूँ
क्योंकि आजाद हूँ मैं?

झूठे बंधनों में नहीं
बस सच्चे लिव इन में हूँ क्योंकि आजाद हूँ मैं?

निर्भरता नहीं चाहती हूँ मैं
खुद के ही काबिल हूँ मैं क्योंकि आजाद हूँ मैं?

इज्जत, मान, शान, मर्यादा का मतलब जानती हूँ
पर अपनी जिंदगी की हकदार हूँ मैं?

क्या सच में
मैं आजाद हूँ??

ख्वाबों के आशिक

ख्वाबों से इश्क का होना
मानो ना उम्मीदों को तोड़ना
ना किसी पर इलजामों की बारिश करना
ना किसी के रूठने का डर
ना किसी के छोड़ कर जाने का दर्द
रातों में आँख बंद करने पर मिलना
और सुबह को अलविदा कहना
और फिर दिल ना माने
तो खुली आँखों से इश्क में डूब जाना

चाय

तुम्हारे बिना वह दिन कैसा होगा
शायद आँखों में नींद के बादल नहीं छटे होंगे
सुस्ती का नशा हर तरफ होगा
सिर की नसों में रक्त प्रवाह धीमा होगा
बिस्तर अपने आगोश में खींचा जा रहा होगा
और मानो सुबह का सूरज
जगाने की नाकामयाब कोशिशों से सो चुका होगा...

Quotes

1.
दिन तो नाम से बदनाम है
तबाह तो हकीकत करती है...

2.
इंतजार करते हैं काली रात का
दिन तो गुजरता है बस रात के इंतजार में...

3.
ख्वाब में झूठे रंग होते हैं
दिन में सच बेरंग होते हैं...

4.
दिन की सच्चाई कड़वी है
पर रात का ख्वाब जहर सा मीठा है...

5.
दिन सब कुछ है पर रात के बिना नहीं
और रात कुछ नहीं सिर्फ बिखरे ख्वाब के बिना...

6.

इश्क क्या है? पूछा किसी ने
आँखों में आँसूं और चेहरे पर मुस्कान साथ हो...

7.

नाराज तो मैं थी
पर मनाए उन्हें जा रही थी...

8.

महफिल में उन्हें देखकर
दिल बेईमान हो गया
धड़क हमारे सीने में रहा था पर
धड़कता उनके लिए था...

9.

मैं शब्दों की जादूगर सी हूँ
जादू आँखों का फरेब सा है
जब फरेब हकीकत सा लगने लगे
तो समझो यह जादूगर का खुमार है...

10.

उनके गुजरने के बाद भी
गली उनकी याद है हमें
शायद जरिया थे वो
हमारे इश्क का जो गलियों से हो रहा था...

11.

तुम्हें जाता देख सोचा रोकूँ
फिर एहसास हुआ ख्याल ही छोड़ने का आया
तो यह नाकामयाबी मेरे इश्क की है...

12.

तुम मैं हूँ
या मैं तुम
तुम मैं हूँ तो मैं कौन?
तुम अर्थ कुछ और लफ़्ज क्यों कुछ
और मैं कवि
तुम कविता
या है यह
सिर्फ शब्दों का लेखा...

योगेश अग्रहरी

योगेश अग्रहरि, उत्तर प्रदेश के सुल्तानपुर जिले के रहने वाले एक प्रतिभाशाली युवा लेखक हैं। इस पुस्तक के पूर्व 2 पुस्तकों “बंद लिफ़ाफे” एवं “जिंदगी एक सफर Vol-2” एवं “शब्दांचल भाग 1” में सहलेखक के रूप में इनकी रचनाएं प्रकाशित हो चुकी हैं और काफी पसंद की गई। इनकी रचनाओं में सरल व्यवहारिक उर्दू और हिंदी शब्दों का ही प्रयोग मिलता है, जिससे आप आसानी से इनकी भावनाओं से जुड़ जाएँगे।

Facebook-yogesh agrahari

Instagram-yogesh_writes

@ Yogesh agrahari

E-mail-yogi.yogeshdsp@gmail.com

Whatsapp-9838931695

सवाल

किसी रोज़ बेवजह यूँ ही, कहीं भीड़ में सौ लोगों के
या फिर कहीं वीरान सी, किसी चुप जगह के कोनों में
या फिर कभी तेरे ख्वाबों में, मैं आ गया गर हू-ब-हू
या फिर कभी तू लौटी जो, तेरे उन दिनों की यादों में

क्या इक ज़रा सी आह फिर निकलेगी तेरे सीने से
क्या इक ज़रा सी उफ्फ कोई थिरकेगी तेरे होठों पे
क्या फिर कोई बेचैन सी, इक आग तुझको घेरेगी
क्या इक ज़रा सी ठेस फिर, तू देगी तेरे होने पे
क्या इक ज़रा से वक़्त को, तू अपने दिल को कोसेगी
क्या फिर ज़रा सा आगे आ के, राह मेरा रोकेगी

या फेर लेगी तू नज़र, तेरे वादों से फिर मुँह मोड़ेगी
मेरे हर यकीं मेरे इश्क़ को, सरे राह फिर से तोड़ेगी
मुझे छोड़ देगी रेत सा, तेरी चाह की छींटें देकर
या फिर मुकम्मल इश्क़ की, लहरों से मुझको सींचेगी
अनजान हूँ अंजाम से, मुझे क्या पता क्या सिला होगा
इक आस है तेरे मिलने से, यूँ ही तो ना तू मिला होगा...

नशा

इक शैतान है पकड़े सबको, भींच के अपनी बाँहों में
है नाम नशा जा के मिल लो, हर गली सड़क चौराहों पे
कहीं मिलेंगे कुछ बच्चे तुमको, जो मुँह से छल्ले उगलेंगे
कुछ हाथ में थामें बोतल तो, कुछ भांग की गोली निगलेंगे

हर दारू बीयर के ठेके पर, लंबी बड़ी कतार मिलेगी
पनवाड़ी के बेड़े पर भी, लोगों की भरमार मिलेगी
टी वी पर भी अब तो ये, कुछ अलग ही रूप दिखाते हैं
अच्छे अच्छे हीरो मिलकर, म्यूजिक सी डी बिकवाते हैं

दिखलाते हैं इक नया नशा, हर रोज़ नई हर मूवी में
अब ड्रग्स चरस की जगह है ले ली, सुलेशन और सुई ने
क्या बच्चा क्या बूढ़ा अब तो, हर कोई इसमें अटक गया है
हर युवा भी मंजिल से पहले ही, अपनी राह से भटक गया है

हाँ मगर अभी भी है मुमकिन, के बदले कुछ हालात यहाँ
कुछ बात बने ये रात ढले, गर बदलें हम जज़्बात यहाँ
कुछ करें काम सरकारें भी, कुछ सख़्त नियम गर लाएं तो
कुछ ध्यान दें पटरी के बच्चों पे, इस दलदल में मुरझाए जो

वरना वक़्त नहीं है बाक़ी, राक्षस है तैयार खड़ा
तू रोक अगर तू रोक सके, चैलेंज है मेरे यार बड़ा...

मोहब्बत तो नहीं है ये

उस शख़्स से भी ऊबकर, या रूठकर, या टूटकर
गर याद मेरी आयी तो, मोहब्बत तो नहीं है ये
मुझे आग कर, या खाक कर, या राख कर के गर तुझे
मेरी फिकर सतायी तो, मोहब्बत तो नहीं है ये

बेख़ौफ़ सा था जो कभी, बेमतलब, बेमंजिल सा था
आगोश में एहसासों का, जो इक असर काबिल सा था
वो हर यकीं, वो हर जुनूं, वो हर तड़प वो ख्वाहिशें
वो बंदिशें, वो जुंबिशें, वो चाहतों की रंजिशें
सब तोड़ के गर जाने जां, सब वादों से मुँह मोड़ के
तेरी आँख जो भर आई तो, मोहब्बत तो नहीं है ये

हाँ जानता हूँ एक दिन, तू टूटेगा यकीनन ही
या बेवजह ही आप से, तू रूठेगा यकीनन ही
तलब होगी तुझे जाना, फकत मेरी मोहब्बत की
या यादों से निकालेगा, तू यादें कुछ जरूरत की
कफस से रूह को मेरी, ज़ुदा कर के तबाह कर के
जरूरत फिर जगाई तो, मोहब्बत तो नहीं है ये...

ग़ज़ल

जगती आंखें, छलती सांसें, राहतें भी खफ़ा सी है
तेरा इश्क़ जाना रक़ीब संग, इकदम मेरी वफ़ा सी है...

तू बाँहों में नए यार की, मुझे है यकीं तू उसकी है
तेरी ख़्वाहिशें मगर मुझको, मेरी जां पहली दफ़ा सी हैं...

वो वक़्त तेरे साथ के, जब मैं ही था मेरे बाद भी
तू साथ है अब भी हू-ब-हू, मेरी ज़ात मुझसे ज़ुदा सी है...

है गुरुर मुझको बे-शुमार, के तेरा इश्क़ था मैं भी कभी
ये खुशफ़हमी बे-शक़, बे-वज़ह, तुझ सी ही बे-हया सी है...

ना देख इतना चौंक के, तेरा अक्स जो तुझे दिख रहा
इस “सिफ़र” की हर ग़ज़ल, तेरी बेवफ़ा दास्तां सी है...

ग्लोबल वार्मिंग

कहीं तपन जमीं की मार रही, कहीं बाढ़ कहीं है जलजला
कहीं बे-मौसम भी बर्फ़ गिरे, कहीं जलधि सुनामी बन चला
तू मनचला! क्यूँ सोचे ना के, इतनी क्यूँ बीमारी चल रही
आठ साल के बच्चों की भी, रक्तचाप यानी बी. पी.बढ़ रही

हर दिन पर्वत खिसक रहे, क्यूँ सूखा रोज़ आघात करे
क्यूँ जीवनदायी प्रकृति ही, अब ऐसे निर्मम घात करे
बर्बाद करे तू भी तो लेकिन, हर दिन कितने लीटर पानी
खुद से कुछ ना किया कभी, बस बात पेल बनते ज्ञानी

इक पेड़ पे बीसों हाथ लगा, तुम फोटो रोज़ खिचाते हो
फिर हैशटैग ग्लोबल वार्मिंग से, उसको खूब सजाते हो
इक बात सुनो! यूँ कुछ ना होगा, फोन से थोड़ा आगे आओ
Insta, fb, WhatsApp के, बाद भी अब कुछ पेड़ लगाओ

उपयोग करो हर साधन को, जब सही जरूरत आन पड़े
कुछ शुद्ध हवा गर हो जाए, कुछ प्रकृति का भी मान बढ़े
फिर लौट चलो उस दुनिया में, जहाँ कुछ ही साल पहले हम थे
जब पेड़ की पूजा होती थी, जब नदियों के जल निर्मल थे

चलो मिलकर पेड़ लगाएं हम, पर्यावरण को महफ़ूज़ करें
फिर हैशटैग ग्लोबल वार्मिंग से, शेयर भी भरपूर करें...

ख़्वाहिश

मैं था आज़ाद परिंदों सा, उड़ता फिरता था राहों में
अब चाहूँ क़ैद मोहब्बत की, ताउम्र तुम्हारी बाँहों में
ना जानू कैसे कब हुआ, क्यूँ हर ख़्वाहिश में तुम शामिल
हर वक़्त करूँ तेरी बातें, बनना चाहूँ तेरे क़ाबिल

डरता हूँ तुझको पाए बिन, तुझे खोने के मैं ख़्वाबों से
माँगू रब से बस इक साथ तेरा, मेरी हर इक चलती साँसों में
लिख डालूँ अक्सर नाम तेरा, सौ चाँद को तेरे क़रीब लिखूँ
कभी लिख दूँ लफ्ज़ मोहब्बत को, फिर उसमें रंग अजीब भरूँ

कुछ तेरे होंठों से लाली, कुछ बालों से बादल ले लूँ
तेरे बदन की उजली किरणों को, या आँखों से काजल ले लूँ
संगीत भरूँ फिर मैं उसमें, तेरी पायल की हर छन छन से
महसूस करूँ तेरी बातों को, बहती नदिया की कल कल में

इक दुआ फक़त इस दिल की अब, हो कभी तुझे भी चाह मेरी
बेचैन हो मेरी ख़ातिर तू, बेचैन तके फिर राह मेरी
तुझे तलब रहे मुझे सुनने की, मैं बेहद बातें कहता रहूँ
तू चले राह बेमंजिल सी, बिन कुछ पूछे मैं चलता रहूँ

गर धूप लगे कभी मुझको जो, तेरी ज़ुल्फ़ तले मेरा घर कर दे
जब लगे प्यास मुझे राहों में, तेरी होठों से मुझे तर कर दे

फिर थक जाएँ जब हम दोनों, या अंधेरों से घिर जाएँ
जब ख़्वाहिश हो रुक जाने की, या चलते चलते गिर जाएँ

रच के ख़्वाबों का आशियाँ, मेरी मेहनत से गुलज़ार करूँ
तू बन के इश्क़ मुझपे बरसे, मैं बस इक तेरा यार बनूं...

नया भारत

मैं गांधी हूँ मैं गोडसे, ना देख मुझे यूँ गौर से
मेरी आवाज़ दबा मत तू, डर जाएगा मेरे शोर से
मैं सत्य अहिंसा की ही राह, सीधा ही चलता जाऊँगा
पर देश मेरा तू बाँटेगा, तो गोडसे भी बन जाऊँगा

लिख जाऊँगा तारीख नई, बेशक़ मुझपे इल्जाम लगे
ना मुझे गवारा रत्ती भर, फिर कोई मेरा देश ठगे
मैं नहीं पुराना भारत हूँ, जो सब कुछ खुद पे सह लेगा
दिखलायेगा गुस्सा अपना, और बस कुछ मुँह से कह देगा

जैसे को तैसे की ही नीति, अब मेरी फ़ितरत में शामिल
सब कुछ खो के मैं निखरा हूँ, सब कुछ पाने के हूँ क़ाबिल
लिख देता हूँ मैं रोज़ नया, इक कीर्तिमान मेरे जज़्बे से
हर रोज़ थोड़ा सा बढ़ता है, वो आसमां मेरे कब्ज़े में

तेरी नासमझी की हद है ये, जो तुझको मैं कमज़ोर लगा
छू भी ना पायेगा मुझको, अपनी ताकत पुरजोर लगा
तेरी कोशिश मुझको छूने की, तू औंधें मुँह गिर जाएगा
तेरा नाम फ़ना हो जाएगा, गर मेरा सिर फिर जाएगा

मैं भगत सिंह हूँ, आज़ाद भी, मैं लाजपत और पाल भी
मैं नेहरू भी, मैं बल्लभ भी, मैं गोखले की आवाज़ भी
मैं राणा हूँ, मैं पांडे, मैं रानी लक्ष्मीबाई भी
मैं राजगुरु, मैं उधम सिंह, नेता जी की अगुवाई भी

मैं साहा हूँ, मैं हूँ कलाम, मैं ही हूँ साराभाई भी
मैं भटकर हूँ, सत्येन्द्रनाथ, नए भारत की परछाई भी...

नेहा अहिरवार

अपने व्यक्तित्व के अनुरूप ही, नेहा एक सुलझी हुई लड़की, जो कंप्यूटर साइंस में डिप्लोमा करने के बाद निरंतर शिक्ष के क्षेत्र में जुड़ी हुई हैं, लेकिन के साथ-साथ ये Modelling, Dancing, Cooking में भी रुचि रखती हैं। इन्हें लिखने का शौक स्कूल से ही रहा है।

इनकी लेखन शैली नारी-शक्ति सामाजिक जीवन से अवगत विचारों का समावेश इनकी कविताओं के रूप में झलकता है। इनके पहले "बंद लिफाफे", "ज़िन्दगी एक सफ़र Vol-2" में अपनी लेखन शैली का समावेश किया है। आप इनसे जुड़ सकते हैं:

Fb id: nehanini01@gmail.com

Instra: ahirwar_ nia

ढलती शाम

वो ढलती शाम, वो ठहरा जाम
वो जुबां पर तेरा, नाम
याद बहुत आता हैं वो मंज़र...

तेरा मुझे देख कर, वो शरमाना,
फ़िर आहिस्ता से नजरें चुराना
वो मेरी बातों को बार-बार दोहराना
गुस्से में वो तेरा भौंहे चढ़ाना,
फ़िर मिन्नतें बार-बार करके
तुझको मनाना
याद बहुत आता हैं वो मंज़र

वो छोटी-छोटी बातों पर,
मेरा आँसूं बहाना
फ़िर कोई पागल सी हरकत,
कर वो तेरा मुझे हँसाना
मेरे दोस्तों के सामने उनकी
तारीफ़ कर मुझे, सताना
फ़िर ठहाके लगाकर उनके साथ मुस्कुराना
याद बहुत आता हैं वो मंज़र

वो ढलती शाम वो ठहरा जाम
वो जुबां पर तेरा, नाम
याद बहुत आता हैं वो मंज़र...

ये वक़्त

ये वक़्त तू कितना भी,
सितम क्यूँ ना कर ले
इस दौर से गुजर जाऊँगी,
देख एक दिन मैं तुझको
भी उठ-कर गिराऊँगी...
ये वक़्त,
मैं एक दिन खुद उठकर तुझे हराऊँगी

हर नाकाम कोशिश को कामयाब बनाऊँगी,
दुनिया की इस भीड़, मैं एक अलग पहचान बनाऊँगी...
ये वक़्त,
मैं एक दिन खुद उठकर तुझे हराऊँगी

अपनी उम्मीदों के सब्र को,
जोड़कर अपने सारे सपनें सजाऊँगी
अपनी जिंदगी की तमाम काली,
रातों को खुद हौसला बन
उनको रंगीन बनाऊँगी

ये वक्त तू कितना भी
सितम क्यूँ, ना कर ले
इस दौर से गुजर जाऊँगी
एक दिन मैं तुझको उठ-कर गिराऊँगी।

रिमझिम बारिश की बूँदें

झिलमिल झिलमिल रिमझिम-रिमझिम
सपनो के संग हिलमिल हिलमिल।

बूँदों मैं बसता हैं कोई आहत मैं,
सजता हैं कोई धीरे-धीरे
इस खिड़की से मेरी,
साँसों के बिस्तर पर
खुशबू सा कसता हैं कोई।

हौले-हौले डगमग डोले,
संयम के कंगन हैं खोले
कलियों सा, हँसता हैं कोई
मौसम सा रचता हैं कोई।

फ़िर सरौद के तन्मय तारों,
सा बजता हैं, कोई टिप-टिप
टिप-टिप, टुप-टुप लुकछिप
लुकछिप गुपचुप-गुपचुप।

मन मंदिर के आँगन मैं,
कहने क़ो छिपता, हैं कोई
पर फ़िर भी दिखता हैं कोई।

बार-बार हैं आता जाता,
वहीं-वहीं कहानी हैं दोहराता
आँखों का काजल, हैं कोई
या मस्ताना बादल हैं कोई।

सावन का बादल हैं कोई,
रिमझिम-रिमझिम बारिश सा हैं कोई।

फ़िर वहीं साया

फ़िर वहीं खुशबू फ़िर वहीं साया,
किसी ने फ़िर, अपने होने
का एहसास है दिलाया।

जरा देखो तो जहन के दरवाजे,
से फ़िर कौन हैं वापिस आया
दिन के उजालों में यह कैसा काहिर आया है
जैसे चिलचिलाती धूप मैं समन्दर आया है
अंधेरी रातों मैं जैसे जुगनुओं का, शाहिर आया है
दुआओ भरा जैसे मुकद्दर आया है।

फ़कीरों से कह दो हाथ फैला कर,
दुआएँ माँगो उनका अजमत उनका रहमत कर्म आया है।

फ़िर वहीं खुशबू फ़िर वहीं साया,
किसी ने फ़िर अपने होने का
एहसास है दिलाया...

एक सच्चा दोस्त

एक सच्चा दोस्त वो है जिससे,
दोस्ती निभानी नहीं पड़ती
जिससे कोई भी बात समझानी
नहीं पड़ती।

रूठ जाए तो भी नहीं,
करता नजर अंदाज़, इसलिए
यह दोस्ती का रिश्ता होता
है सबसे ख़ास।

कभी माँ बनकर समझाता है,
तोह कभी पिता बनकर डांटता है।
तो कभी बहिन बनकर सताता है,
तो कभी भाई की तरह हर मुश्किल में साथ निभाता है
कभी आफ़ताब बनकर हमारा हौंसला बढ़ाता है।

हमें ग़म औऱ खुशियों से, परे ले जाता हैं।
जिसके पास है ऐसा दोस्त, व मुकम्मल है इस जहाँ में
वही है हयात का सरताज
मेरी सबसे अजीज दोस्त “संगीता”।

आइने का घर

अक्स ने आइने का घर छोड़ा,
एक सौदा था जिसने सर छोड़ा।

भागते मंजरों ने आँखों में,
जिस्म क़ो सिर्फ आँख भर छोड़ा।
अक्स ने जब आइने का घर छोड़ा...

हर तरफ रौशनी फैल गईं,
सांप ने जब कभी ख़डहर छोड़ा
अक्स ने जब आइने का घर छोड़ा..

धूल उड़ती हैं धूप बैठी है,
ओस ने आँसुओं का घर छोड़ा
अक्स ने आइने का घर छोड़ा...

खिड़कियाँ पीटती हैं सर सब भर,
आखिरी पर्दे ने भी घर छोड़ा
अक्स ने जब आइने का घर छोड़ा...

क्या करोगे निजाम रातों में,
जख्म की याद ने अगर छोड़ा
अक्स ने जब आइने का घर छोड़ा

ताउम्र याद रखोगे वो शैलाब,
जो मेरी बहती हुई आँखों ने
जो समंदर छोड़ा...

नीरज अहिरवार

नीरज अहिरवार, महाराजा छत्रसाल की नगरी छतरपुर (म.प्र) से, एक लोकसेवक की सद्भावना रखते हुए, साहित्य में विशेष रुचि रखते हैं। बुद्ध को आदर्श और बाबा साहेब के विचारों से प्रेरित, तर्क को सामने रखकर लोगों के विचारों को उजागर कराना ही सही दिशा समझते हैं। इन्होंने लेखन के साथ खुद को स्केचिंग से जोड़ रखा है। इनकी लेखन शैली में विशेषता प्रेम, वियोग, विचार, एवं प्रेरणात्मक रचनाओं का समावेश होता है। इन्होंने सह लेखक के रूप में "Zindagi: एक सफ़र" और "बंद लिफ़ाफ़े" साथ ही "Zindagi: एक सफ़र Vol-2" एवं "Zindagi: एक सफ़र Vol-3" में लेखक के साथ टीम समन्वयक रहते हुए संकलन पुस्तकों में बेहतरीन लेखन शैली को पेश किया है। आप इनकी रचनाओं में खुद को महसूस कर सकेंगे।

आप इनसे जुड़ सकते हैं:

Mob- 9584774601

Email/Fb- neeraj4601@gmail.com

Install- nj_neer

प्रेम

प्रेम एक क्षण मात्र है
अगर इसे पा लो तो सुकुन बन जाता है वरना धुंआ

इंसान का कर्तव्य है
इसे उसी की लय में जीना, निष्पक्ष, निश्वार्थ

इसे किसी प्रलोभन की आशा नहीं
यह स्वयं ही अनमोल है, अनंत है

यह तो बंधा होता है मनुष्य की नियति से,
प्रकृति के नियमों द्वारा

प्रेम का कोई दायरा नहीं,
ये तो इत्र समान है, जो स्वतः ही बह जाता हर ओर

इसे महसूस कर पाना ही,
मनुष्य के स्वभाव और कर्म को दर्शाता है

इसे आपके सहारे की जरूरत नहीं,
प्रेम तो स्वतंत्र है, सर्वत्र है,

आप इसे रास्ता नहीं दे सकते,
परंतु प्रेम स्वयं आपको मंज़िल दे सकता है...

शांति

शांति ये एक शब्द मात्र नहीं,
इसमें पूरा ब्रह्मांड समाया हुआ है,

जीवन की सारी परिभाषाएं,
इस अर्थ के चारों ओर घूमती है,

पाने को तो इसमें कुछ नहीं,
और होने को इसमें तीनों लोक है,

कहने को बस एक क्षण जितनी,
लेकिन जानने में सारा जहाँ कम है,

इसकी खरीद का कोई मूल्य नहीं,
यह जीवन के कर्मो का परिणाम है,

जो स्वयं से ही स्वयं में खोजी जाती है,
जो स्वयं से ही स्वयं में समाहित होती है,

ये ना तो कोई उपहार है ना सम्पत्ति,
ना तुम्हारा मरने तक कमाया गया धन है,

ये एक रास्ता है, अंत से अनंत तक जाने का
शांति से शांति में, पूर्णतः विलीन हो जाने का...

दुःख

दुःख एक रास्ता है,
इस राह से सबको गुजरना होता है,
यह आपको रोकता है,
आपकी मंज़िल तक पहुँचने से,
परन्तु अडिग रहने का साहस भी देता है,

मित्रता इसकी किसी से नहीं है,
यह निस्वार्थ भाव सेवा देता है,
परन्तु यह किसी से अल्प समय,
तो किसी से दीर्घ समय तक संबंध रख लेता है,

इसकी कोई सीमा नहीं है,
यह अनंत है समंदर के फैलाव सा,
जिसमें किसी को क्षण में डूबना,
तो किसी को इसमें तैर पाना संभव बना देता है,

इसे जात पात का भेद नहीं,
यह पवित्र है कोई संत सा,
रह लेता है किसी कुटिया में,
तो बड़े से बड़े राज्य में कब्जा जमा लेता है,

इसका किसी से बैर नहीं,
हर किसी के साथ खड़ा होता,
किसी को कुछ दूर छोड़ दिया,
तो किसी के दुष्कर्मों का निरंतर परिणाम देता है,

दुःख सिर्फ दुःख नहीं,
यह सुख का प्रवेश द्वार है,
जो पार करने वाले को नई ऊर्जा,
और हारे हुए को जिंदगी भर सजा देता है...

प्रकृति का परिवर्तन

तुम जंगल जब जब काटोगे
तुम नदियों जब जब बांटोगे,
तुम बना बांध जब लहरों पर
गाँवों के गाँवों पाटोगे,

तुम वायु को प्रदूषित कर
गंगा को नरक बनाओगे,
भूल अपना ओछा कद
पर्वत पहाड़ गिराओगे,

छीन आवास तुम जीवो के
नित नए महल बनाओगे,
असहायो का घोट गला
निर्दोष, मूक, तड़पाओगे,

हत्या कर किसी जीव की
अपने भोजन में खाओगे,
तब,
शक्ति का आवाह्न होगा
प्रकृति का परिवर्तन होगा,

ऊर्जा का एक चक्र चलेगा
विनाश की आंधी आयेगी,

इंसानी प्रलोभन फितरत
मिट्टी दो गज में मिल जाएगी,

होगी कीमत दो कौड़ी की
बोली साँसों कि लग जाएगी,

क्या राजा क्या निरंक
धूमिल सब गरिमा हो जाएगी,

जब,
ऊर्जा का आवाह्न होगा..
प्रकृति का परिवर्तन होगा...

शब्दों की भीड़

एक मामूली से खत में,
हम बिखेर देते हैं,
जिंदगी के कुछ रंगीन किस्से,
जो वक़्त की रफ्तार पकड़ कर
यूँ ही बेरंग हो जाते हैं

किस्से वो जिनकी सुंदरता
लिखावट से ज्यादा है,
जो खुद में बसे प्रत्येक लम्हों को
खूबसूरतीदेने को बेताब है,

लम्हें वो, जो शब्दो की भीड़ में
निरंतर आगे आने को तत्पर है,
कि कोई तो बन जाये,
उन किस्सो की शुरुआत,

लेकिन अंत का क्या,
यह कौन निभायेगा?

कौन हूँ मैं

शुरुआत हूँ या अंत हूँ
या शुरू से ही अंत हूँ मैं
या मोक्ष को हाथ लिए
माया में उलझा संत हूँ मैं

कौन हूँ मैं.
वक्त से मैं हूँ कटा
तिनकों तिनकों में बटा
एक मुट्ठी में सिमट जाऊँ
सहेजो तो महल हो जाऊँ

रेत में खिलता फूल हूँ
या ख़ुद का टूटा उसूल हूँ मैं,

कौन हूँ मैं,
सुबह की भीनी सी किरण
या ग्रीष्म की तीक्ष्ण धूप हूँ
सावन की फैली हरियाली
या उजड़ा हुआ बसंत हूँ
नदी की बहती कलकल
या बड़े शहरों का शोर हूँ मैं

कौन हूँ मैं
नक्षत्रों से सुलझा हुआ
संख्यायों में उलझा हुआ
अनंत से मैं शून्य हुआ
या शून्य से अनंत हुआ
सपनो में अंधकार लिए
पापी हूँ या महंत हूँ मैं

क्या तुम जानते हो,
कौन हूँ मैं....

तुम्हारा जन्मदिन

वो तुम्हारे जन्मदिन वाला दिन,
कितने उत्साह के साथ आया,
की जिसके इंतज़ार में,
तुम कभी भी नाचने लगती थी,
कभी भी खुश हो जाती थी,
और तुम्हें देखकर मैं भी

उस दिन,
तुम बहुत ख़ूबसूरत लग रहीं थी,
हरा सूट, हरे इयररिंग्स, खुले बाल, वो चश्मा
वो इतनी सारी सजावट भी,
फीकी पड़ रहीं थीं तुम्हारे सामने,

वो नीले सफेद गुब्बारों और बल्ब की रोशनी में,
तुम्हारी खुशियों के रंग अलग ही बिखर रहे थे,
वो फूलों का महकना भी कम था,
तुम्हारी भीनी भीनी खुशबू के आगे,

मोमबत्तीयों की लौ भी कुछ हल्की थी,
तुम्हारे चेहरे की चमक के सामने,
और यह हो भी क्यूँ ना,
तुम हो ही इतनी ख़ूबसूरत, प्यारी सी...

"हम हमेशा तुम्हारा जन्मदिन, और खुशियों वाले दिन,
ऐसे ही साथ बिताना चाहते हैं, अगर तुम साथ दो"

हर्षल शर्मा

हर्षल शर्मा अपने लेखन कार्य के साथ कंप्यूटर साइंस बीटेक सेकंड ईयर के छात्र हैं। वह सीहोर मध्य प्रदेश के निवासी हैं। हर्षल लेखन और कवि सम्मेलन मैं रुचि रखते हैं, अनेकों कवि सम्मेलनों में भाग लेना तथा देश, शौर्य, जिंदगी और मोहब्बत उनके लेखन के प्रमुख अंग हैं। इन्होंने अपने लेखन की शुरुआत 2016 में की। वियोग रस और वीर रस मैं रचनाओं को दृष्टि प्रदान की है। वह "जिंदगी एक सफर 2" में सह लेखक की भूमिका में काम कर चुके हैं। वह अपना लेखन कार्य 17 वर्ष की आयु से कर रहे हैं।

आप उनसे जुड़ सकते हैं:-

Facebook -Harshal Sharma

Instagram-@jagir_e_shaan

Gmail- harshal.sh1998@gmail.com

तारीफ

उनसे ही पहली मोहब्बत की तालीम सीखी है
वह नजरें अमादा है मुझे बेजार करने को
वह मुस्कुराहट अमादा है मेरा बुरा हाल करने को

खुदा ने ऐसा नूर, पता नहीं क्यों
उनकी आँखों को बख्शा है,
नजरें घुमाकर ही सरेआम कत्लेआम कर दे जो

क्या तारीफ करूँ उनकी कितनी वह खूबसूरत है
राहों पर चलते हुए टकरा ना जाऊँ कहीं उनकी यादों में खोकर

कोई उनको खबर कर दो मुझे उनकी जरूरत है
कोई उनको खबर कर दो मुझे उनकी जरूरत है

Quotes

1.

तन्हाई के आलम में अब जीना सीख रहा हूँ
कभी गया नहीं महखाने पर पीना सीख रहा हूँ
अब तुझे भुलाने के लिए मैं, मैं डूब रहा हूँ
अब नशे के आलम में, कुछ यूँ झूम रहा हूँ
ना चाहते हुए भी तुझे भुलाने के लिए मैं खुद को भूल रहा हूँ...

2.

वह शाम थी जिसका ढलना तय था
मैं सूरज था जिसका निकलना तय था
चंद लोगों की आँखों में इसका खलना तय था
पर समय के साथ उनके सर पर मेरा बढ़ना तय था...

3.

जब वह मुस्कुराती है आशिकों की जान पर आती है
वह मुस्कुराहट भी क्या खूब ढआती है
आशिकों की खड़े-खड़े साँसें थम सी जाती हैं
जब वह घूम कर आँखों से आँखें मिलाती है
दो धारी तलवार सीने में घुस सी जाती है
बचे कुचे दीवाने आशिक को उनकी खुली जुल्फें मार जाती हैं
जब वह मुस्कुराती है आशिकों की जान जाती है...

4.

मुझे नहीं पता जिंदगी में कितना आगे जाऊँगा मैं
तरक्की के पैमाने पर कितना खरा उतर पाऊँगा मैं
पर इतना आत्मविश्वास से कह सकता हूँ
अपने कर्तव्य पथ पर डट कर पैर बढ़ाऊँगा मैं...

5.

कितनी भी, कोई भी बड़ी चुनौती हो, आँखों से आँख मिलाऊँगा मैं
कर्तव्य पथ पर अपनी मेहनत से अपने ही ख्वाब सजाऊँगा मैं...

6.

जिंदगी में कुछ लोग टूटे हैं
कुछ टूटना बाकी है
इस सफर में कुछ लोग जुड़े हैं
कई जुड़ना बाकी है...

7.

बेशक फर्क पड़ता है
जिंदगी से किसी के चले जाने से,
पर अपने आप को संभालने के लिए
मेरा खुद से जुड़ना काफी है...

8.

हर रात तेरी याद से मुलाकात होती है
अब से भूल जाऊँगा तुझे, मेरे दिल से रोज मेरी यही बात होती है

9.

खुशी इस बात की है कि तुम खुश दिखी
और गम इस बात का है कि किसी और के साथ

10.

आज मैं अपने आप से रूबरू होना चाहता हूँ
कितनी तकलीफें दी अपने आप को दूसरों के लिए,
उन सभी के लिए खुद से माफी की गुहार लगाना चाहता हूँ
थोड़ा खुद को गमों की लहरों से पार लगाना चाहता हूँ
आज मैं अपने आप से नजरें मिलाना चाहता हूँ
आज मैं अपने आप से रूबरू होना चाहता हूँ...

11.

उनकी तीखी नजरों ने भी क्या कमाल कर दिया
बस नजरें घुमा कर देखा था
उन्होंने हमें इतने में ही मेरा बुरा हाल कर दिया
उनकी नशीली आँखों ने कत्लेआम कर दिया...

12.

अपने आँसुओं से तेरी तारीफ लिख रहा हूँ मैं
हूँ अनमोल पर तेरी इन नजरों के आगे,
कौड़ियों के दाम बिक रहा हूँ मैं
तेरे अलावा ख्याल आता नहीं किसी और का,
शायद इसीलिए तेरे इश्क में आज भी लिख रहा हूँ मैं...

13.

आसान नहीं होता
एक ही शख्स से
बेइंतहा प्यार और बेशुमार नफरत करना
पर एक तरफा चाहत कर कर देखे ए यार तू यह हुनर भी सीख जाएगा..

14.

तुम्हें मालूम ही नहीं मेरी धड़कन बढ़ जाती है,
जब मेरी आँखें तुम्हारी आँखों से रूबरू हो जाती है
मेरा दिल सुकून खोता है, तुमसे बात करने को दिल कहता है,
सोचता हूँ आज बात कर ही लूँ तुमसे, हर बात जो मेरे दिल में है

पर मेरा गुरूर और तुम्हारी खामोशी
हमारे दिल बातों को एक दूसरे से जोड़ने नहीं देती,
हमें मिलने नहीं देती...

15.

मैं शराब नहीं पीता अपनी नशीली आँखों से मुझे पिलाती तुम ही हो
नूरानी चेहरा तुम्हारा और मदहोश कराती मुझे हो
मुस्कुराकर नजरों का तीर चलाती तुम और घायल कर जाती मुझे हो
तुम्हारी जुल्फें हवाओं के साथ मिलकर कहर ढआती है,
मेरी साँसों को थाम कर
मुझसे मुझे अलग कर जाती तुम ही हो,
मुझसे मुझको चुराती तुम ही हो...

16.

जिस्म के आगे बिकता मैंने प्यार देखा है
कंधे पर हाथ हाथ रख कर पीठ में छुरा घोपे
वह नकली यार देखा है
मतलब का नाम मोहब्बत कर काम निकाले वह झूठा प्यार देखा है
मैंने अपनो के सहारे के लिए वह बूढ़ा बीमार देखा है
अपने बच्चों के लिए मजदूरी कर कमाता वह गरीब लाचार देखा है
मैंने गरीब माँ को आधा-दूधा खाकर भी
बच्चों को पूरा पेट खिलाने की कोशिश करती
माता का त्याग देखा है...

17.

तेरी खामोशियां है कुछ,
मेरी खामियां है कुछ

अधुरी कोशिशों से भरी
मेरी नाकामियां है कुछ

तेरी बेवफाई से भरी जिंदगी में
कुछ किस्से, कहानियां है कुछ

18.

कौन कितना मुझे चाहता है यह तो वक्त बताएगा
देखते हैं कौन,
मुसीबत के वक्त कौन कंधे से कंधा मिला कर खड़ा होगा और
कौन मुँह फेर जाएगा...

19.

इरशाद करूँ कैसे गजलों का मतला-ए-अशहार
तेरे सामने आकर ए सनम
तुम्हारे सामने आकर गजलों के सारे अशहार भूल जाता हूँ
तुमसे करना मोहब्बत का मतला-ए-इकरार भूल जाता हूँ

20.

ना निकल पा रहा हूँ ना उगल पा रहा हूँ
तेरी एक तरफा चाहत में गेहूँ के साथ
घुन जैसा बेमतलब सा पिसा जा रहा हूँ

21.

हूँ तन्हा भीड़ में अकेला तुम्हारा साथ चाहिए
जो थोड़ा समझ पाए मुझे, तुम्हारे बस वही जज़्बात चाहिए

22.

तेरे वार झेल कर भी खड़ा हूँ मैं
जख्मी हूँ पर मरा नहीं मैं
तुझे रोकने यही अड़ा हूँ मैं
रक्तरंजित है छाती मेरी
पर तेरी आँखों में आँखें डाल कर
तुझे तेरी मौत देने खड़ा हूँ मैं

अभी मेरे अंदर खून का आखरी कतरा बाकी है
तुझे नेस्तनाबूद करने वाला यह खतरा बाकी है

23.

जिंदगी की गाड़ी को तेरे साथ आगे बढ़ाने का इरादा है
तुझे बेइंतहा चाहाने का इरादा है
तेरे नखरे उठाने का इरादा है
तेरे सपनों धरातल पर लाने का इरादा है
पूरी जिंदगी को तेरे नाम कर जाने का वादा है
दिल की पूरीर जागीर तेरे नाम
लिख जाने का इरादा है
तुम्हारी जिंदगी की हर तकलीफ से,
तुम्हारे आगे खड़े होकर आँखें मिलाने का इरादा है

तेरे हर गम को तुझसे दूर कर जाने का इरादा है
तेरे साथ वर्ल्ड टूर क्या हरिद्वार जाने का भी वादा है

आनंद उषा बोरकर

आनंद उषा बोरकर का जन्म 19/9/1998 में हुआ। वर्तमान में यह यू.आई.टी. आर जी पी वी से इंजीनियरिंग कर रहे है। लेखक होने के साथ साथ यह सामाजिक कार्यकर्ता भी है जोकि एन एस बी एन दिशांजली संस्था के साथ सामाजिक कार्य करते हैं। इन्होंने अपने लेखन कि शुरुआत एक उपन्यास से कि थी जिसका नाम है "बेवज़ह... एक कुर्बानी", जिसे 100 इंस्पायरिग ऑर्थर ऑफ इण्डिया सम्मान से नवाजा जा चुका है। इन्हें नज़्म और गज़लें लिखने का भी शौक है। यह आठ किताबों के सह लेखक रह चुके हैं।

FB- Anand Usha Borkar

Insta- Anandushaborkar

Gmail- abanandborkar.810@gmail.com

आजमाने दे

डगमगाती है कश्ती तो डगमगाने दे
ऊपर वाले को भी तुझे आज़माने दे

अभी तो सिर्फ एक रात गुजरी है तेरी
आँखों को कुछ और रात जग जाने दे

है ये चिराग जलाया जो तेरे वालिद ने
उसे सिगार के कश में मत सुलगाने दे

अपने दुश्मन को तू ज़रा बाद में हराना
पहले अपने थके मन को तो हराने दे

यदि बंद हो गये है रास्ते तो हो जाने दे
ख्वाबों को मंजिल से मत भटकाने दे

किस्मत में नहीं था वक़्त खराब था
तू जमाने को इतने सारे मत बहाने दे

भूल जा गुजरा हुआ कल तू अब से
और आने वाले कल को हथियाने दे...

मंज़िल पर चढ़ने दे

वो जो गुजर गया उसे गुजरने दे
ऐ जिंदगी अब जरा मुझे जीने दे

है आसमाँ से रिश्ता मेरा पुराना
उस आसमाँ में थोड़ा सा उड़ने दे

वो जो बहता नहीं गम मेरा कभी
अब लहरों के साथ उसे बहने दे

वो जो चुप बैठा है एक अरसे से
उसे फिज़ाओ के साथ कहने दे

भर उमंगो से बेजान पड़े देह को
मुझे अपनी मंज़िल पर चढ़ने दे...

मेरी हँसी

खटिया के आवर्क में
पुश्ती के अध: में
भीत के अर में
किवाड़ के भीतर
खिड़की के निकट
मटके के गढ़ में
आँगन के पावनी में
पँखे की खटपट में
पत्थर के अनुष्ठान में
दीप की बाती में
यहीं कही होंगी
कल तक तो थी
पर न जाने कहाँ
गुम हो गयी
अघ मेरी हँसी...

एक साया

मैं तन्हा नहीं हूँ एक साया साथ रहता है
कलम हाथ में रहती हैं और वो लिखता है

कभी ग़ज़ल तो कभी नज़्म लिखता है
गूंगा होकर भी वो बहुत कुछ कहता है

अंधेरा आज कल उजाले को खा जाता है
मेरा साया आसमाँ से जुगनू ले आता है

नींद के पहरी आ बैठते हैं पलको पर तो
मेरा साया उनसे भी बेबाक लड़ जाता है

मैं अगर थक कर बैठ जाता हूँ कभी तो
मुझे ख्वाबों में आने वाला कल दिखाता है

खुद से जीतता है कभी खुद को हराता है
मेरा साया हर वक़्त मुझे जीना सिखाता है...

अपना बनाना है

नाकामयाबी को कामयाबी में बदलना है
कभी थोड़ा गिरना कभी थोड़ा सम्भलना है

मुश्किलें माया रूप में सामने खड़ी होगी
तुझें स्वंय को मोह के जाल से बचाना है

नहीं शत्रुओं को नहीं मित्रों को हराना है
दोस्त तुझे तो खुद को खुद से जिताना है

जो डर तुझे हर वक्त सताते डराते रहता है
सुन तुझे उस डर को भी हर वक़्त डराना है

एक सपना जो तू बचपन से देखता आया है
उस सपने को हकीकत में बदलकर दिखाना है

जिस दुनिया में तुझे हर कोई पराया लगता है
उस दुनिया के हर शख्स को अपना बनाना है...

बन जा ऐसी मिसाल कोई

है मन में मेरे भी सवाल कोई
डर है मचा न दे बवाल कोई

माना मुश्किल है मन्जिल पाना
पर तू खुद रास्ता निकाल कोई

है ये सृष्टि चमत्कार से भरी
बिछा हुआ है माया जाल कोई

तू बैठा रहता है थक कर और
बीत जाता है पल में साल कोई

डर बसा रहता है तेरे अंदर
चुनौतियां कहाँ है विशाल कोई

तेरी किस्मत संघर्ष से चमकेगी
बस हार का मत रख ख्याल कोई

न दे ताने ये जमाना फिर किसी को
तू कर दिखा ऐसा कमाल कोई

देगा तेरी गवाही ये सारा जमाना
तू बन जा ऐसी मिसाल कोई...

पंछी

मेरे इर्द गिर्द भटकते रहते हैं पंछी
बेजुबान होकर बातें करते हैं पंछी

मैं बातूनी गूंगा बन जाता हूँ साक़ी
जब अपनी दास्तान सुनाते हैं पंछी

मैं कपटी सारा समंदर पी गया हूँ
अब प्यासे प्यासे फ़िरते हैं पंछी

उनके घरौंदों पर अपना घर बसाया
अब अपने मादूम घरौंदे ढूँढते हैं पंछी

परिन्दो का काफिला नहीं निकलता
उड़न तश्तरी के साथ उड़ते हैं पंछी

सारा जगंल मैंने काट दिया फिर
अपना दाना कैसे चुनते हैं पंछी

अब आसमाँन सूना सूना लगता है
अपने मन की बात कहते हैं पंछी

है तड़प रहा अब इंसान यहाँ हवा को
जब नासमझ इंसान पर हँसते हैं पंछी...

संस्कार गर्ग

संस्कार गर्ग 'अर्जुन', माता अहिल्या की नगरी इंदौर (म.प्र.) से ताल्लुक रखते हैं। संस्कार गर्ग को अर्जुन उपनाम भी उनके सुनने वालो ने उनकी रचनाओं की वजह से दिया है। आप महाभारत को अपने शब्दों में कहते हैं। संस्कार ज़िन्दगी एक सफ़र में भी सम्मिलित हुए थे। आप अनेकों ओपन माइक के सम्मिलित होते हैं। आप लेखन के साथ ही विधि की पढ़ाई इंदौर से ही कर रहे है।

सैनिक की वीरगाथा

नापाक दरिंदो को उनकी औकात सिखाता है
और बात आती है देश की तो खून खौल आता है
जो प्रश्नचिन्ह रखते हैं वीरों के अभिमान पर
है कौन से नर्क से वो, ये प्रश्न हमें तड़पाता आता है

रक्षक को भक्षक में बदलते तुमने देखा क्या
अपमानित हो कर भी सुरक्षा करते देखा क्या
क्या गुजरती होगी जब गोलियां चलती सम्मान पर
अमीरी का चोला पहने देखा है क्या

एक ओर शौर्य गाथा लिख दी
दुजी शांति की परिभाषा लिख दी
कितने ही थे उसके अरमान पर
हँस के देश पर कुर्बानिया लिख दी

गर भूला हो तो इतिहास देख
कारगिल और सियाचिन देख
है कौनसे सातवें आसमान पर
मेरे देश का वो तिरंगा देख...

दरवाजे आ गई

बसंत में फूलों की रवानी लौटा गई
वो हसीना जब शहर आ गई

सूना वीरान सुर्ख था शहर मेरा
पूरे शहर में उसकी लहर छा गई

खोई खोई है अब तो धड़कन मेरी
कानो में जब से वो प्रेमगीत गा गई

घुटन से जीने की आदत थी मुझे,
मुझे देख वो सूरज के दरवाज़े आ गई

रंग देखे है उसके हज़ार यूँ तो
पर काले पर्दे वाली उसकी अदा भा गई...

नज़रों से नहीं मिलती थी नज़रें

नज़रों से नहीं मिलती थी नज़रें,
फिर भी मुलाकातें होती थी,
हम तुम भले आमने सामने ना हो
लेकिन दिलों की बातें फिर भी हुआ करती थी

तेरा दौर भी ग़ज़ब था गालिब
जब कबूतरों की दरिंदगी थी
हर पल हर घड़ी खिड़की पर पहरा देती थी
हर दिन हर रात खत की इंतज़ारी रहती थी...

कर्ण की सहनशीलता

जो कभी सुनी नहीं तुमने
जो समझी कभी नहीं तुमने
महाभारत बताने लाया हूँ
वो समर सुनाने आया हूँ
गाथाओं की महागाथा है
शकुनि की महाप्रज्ञा है
कुन्ती की विवशता है
कर्ण की सहनशीलता है
बड़बोले सब, देख बुत बन खड़े है
अपने पाँव पर ख़ुद कुल्हाड़ी दे पड़े है
कल तक जो निशाना साधे थे उन पर
अब वो ही आवाम के निशाने पर खड़े है...

Quotes

1.
बांधे तोड़ कर जंज़ीर आई है
बहकर नदी समंदर आई है
ना दबे बैठे रहो तुम यूँ ही
की धूप छन कर दर पर आई है...

2.
सूखी नदियां बहनी चाहिए
बुझी ज्वाला सुलगनी चाहिए
अब और नहीं सन्नाटा हो
बगावत की वो ललकार चाहिए...

3.
मल्लाहरो से सीखना तूफानों से जीतना
विकराल सी वो गर्जना सिंहो से तू सीखना
विंध्याचल को तोड़ कर तू सुमार्ग बतलाना
अंतर्मन के वीर को तू सबको दिखलाना...

4.
बिस्तर से कम्बल ख़ुद हटाया नहीं जाता
बंद कमरे का अफसाना सुनाया नहीं जाता
क़ैद है कई राज़ इस घर में आज भी
ये वो गीत है जो यूँ ही गाया नहीं जाता...

5.

इंतज़ार कर रहे, गुलाब और मैं
बेज़ार हो रहे, गुलाब और मैं
वो भी अकेली मैं भी अकेला
बेकार हो रहे गुलाब और मैं...

6.

राहत ए मिलन जो चाही, तू नज़र आई
तस्वीर खुदा की बनाना चाही, तू नज़र आई
यूँ तो दिल को आदत है बहारो को देखने की
पर बात जो इतनी प्यारी आई, तू नज़र आई...

7.

शरीर में थकावट अभी बाकी है
कल रात कहानी की लिखावट बाकी है
नहीं मानता मन मेरा फिर भी
कुछ करने की बौखलाहट बाकी है...

8.

परिंदों को कसा जा रहा है
ज़माना तुझको चिड़ा रहा है
मत भूल पर अभी जिंदा है तेरे
युद्ध के लिए ललकारा जा रहा है...

9.

नव कमल खिला है उपवन में
तुम भी नभ पर छा जाना
छोड़ो कुंठित मैले मन के
तुम ही भू पर छा जाना...

10.

तू ही है अपना अर्जुन,
हाथ में लिए शस्त्र खड़ा,
हिम्मत है तेरी कृष्ण,
रहा रथ को तेरे दौड़ा...

कृष्णा

हिंदी साहित्य में रुचि रखने वाले एवं संघर्ष को प्रेरित करती वास्तविक जीवन के अनुभव से युक्त आत्मकथाऐं पढ़ने के शौक़ीन 'कृष्णा तुलसकर' विगत 3 वर्ष से लेखन कार्य कर रहे हैं। अपने अनुभवो एवं व्यक्तिगत विचारों को अपनी रचनाओं के माध्यम से सोशल मीडिया द्वारा जनमानस तक पहुँचाते रहते हैं। लेखक अपनी रचनाओं में भावो की स्वछंदता एवं भाषा का सरस प्रवाह रखने हेतु प्रयासरत रहते हैं। लेखक की कुछ रचनायें प्रथम बार इस पुस्तक के माध्यम से प्रक़ाशित होने जा रही हैं। वर्तमान में ये कंप्यूटर साइंस इंजीनियरिंग से ग्रेजुएशन करते हुए प्रथम वर्ष में अध्ययनरत हैं।

आप इनसे जुड़ सकते हैं-

Gmail-krishnatulaskar223@gmail.com

Instagram-krishna_tulaskar11

विलायती लाठी

कभी ख्वाब था जो माँ का,
बदल गया अब शिकायत में।
वो लाठी कहीं खो गई है,
दूर कहीं विलायत में।।

वो जान जो उसके प्राणों का,
भान था कभी रातों का।
विवश ममता आज विचार करें,
क्या जायज़ा लेगा बूढ़े हालातों का।

विभोर व्यथा उसके जीवन की,
झुर्रियों में झलकती वृद्ध तन की।
कौन सुने वो किसे सुनाये,
ये रुदन कथा अपने अंतर्मन की।।

छाने लगा अब अँधेरा सामने,
वो तारा बसा है जिन आँखो में।
वो तारा ही तो कहीं खो गया,
विदेश के आसमाँनों में।।

एक अनमोल नग है माँ का,
जो मग्न है परदेसी रियासत में।
वो लाठी अब कहीं खो गई है,
दूर कहीं विलायत में।।

सफर-ऐ-ज़िन्दगी

कभी अवसरों के अरण्य होंगे,
तो, कभी बंजर भी होंगे।
कहीं दिलकश नज़ारे, तो
कुछ भयानक मंज़र भी होंगे।

कुछ वफादार मिलेंगे, तो
कुछ वंचक भी मिलेंगे।
चलते-चलते ज़िन्दगी की राहों में,
कभी परायो से गुलदस्ते, तो
कभी अपनों के खंजर भी मिलेंगे।

चाहत-एक चातक का प्रेम

कंठ सूख भले काँटा हो,
जल न कहीं का भाता हो।
प्यास-प्रेम की पराकाष्ठा में,
सब्र में स्व-तन जलाता जो।

चातक की चाहत बड़ी अडिग होये,
बिन अचेत हो वर्ष हर्ष से ढोये।
ताकत रहे बस आकाश मेंघ को,
पावक सा कंठ न कभी भिगोये।

अथाह जल पड़ा नदी सिंधु भर,
न भावे मन को कभी बिंदु भर।
अगाध प्रेम अविचल अंगद सा,
पिए पपीहा जल स्वाति नक्षत्र का।।

बूँद अगर गिरे धरा पर,
न पिए न पावन होए।
भीग-भीग जल धरे पवन में,
तन-तृप्त मन सुख-सावन होए।।

बढ़ चला विनाश की ओर

कहने को पकड़ विकास की डोर,
वो गाँव बढ़ चला विनाश की ओर।

बेशज़र ही होता रहा गाँव, सदन निर्माण को।
तरस गया अब देखने, खुले आसमान को।
बेखबर सी कहीं खो गई, पुरवाई धरे भगवा भोर,
वो गाँव बढ़ चला विनाश की ओर।

हरा तो हर लिया, अब सुदृश्य किधर है,
धीमे-धीमे बीमार होता यहाँ बशर है।
पंछियों की जगह छाया अब चिमनियों का शोर,
वो गाँव बढ़ चला विनाश की ओर।।

आनन-फानन में उजाड़ दिए कानन,
कहाँ बची वो गलियाँ, वो बचपन का आँगन,
कहीं खो गया वो सुख-संतोष, वो सावन।
बस भागदौड़ भरी भीड़ बची चारों ओर।

कहने को पकड़ विकास की डोर,
वो गाँव बढ़ चला विनाश की ओर।।

त्यौहार-खुशियों का दौर

ज़िन्दगी की इस दौड़ में,
अजीब दौर ने दस्तक दी है।
अब अपने घर जाने के लिए भी,
त्यौहारों की ज़रुरत पड़ने लगी है।

त्यौहार भी सुखद रुख अपनाता है,
दुःखो को भूल सुखों से मिलवाता है।
अब तो इंतज़ार रहता है पर्वो के आने का
अपने गाँव, अपने शहर जाने का
क्योंकि
अब अपने घर जाने के लिए भी,
कुछ तारीखों की मोहलत मिलने लगी है।

भागते समय का कैसा पड़ाव है,
अब रिश्तों से ज़्यादा काम से लगाव है,
ये समय अब वक्त देता नहीं रूठो को मनाने का,
स्वजनों से मिलने जाने का।
परदेसी अपनों को भी जो घर बुला ले,
तीज के ऐसे तौर ने दस्तक दी है।

अब अपने घर जाने के लिए भी,
त्योहारों की ज़रुरत पड़ने लगी है।।

एक ईद ऐसी भी

'प्रेमचंद' रचित 'ईदगाह' से प्रेरित

ना पाया कभी माँ का साया,
ना साथ रहा कभी वालिद का।
दुनिया दादी में ही समायी थी,
और कौन था नन्हें हामिद का।।

ईद मेले में भा गए खिलौने,
मगर चिंता यही सताती थी।
रोटियां बनाये जब भी दादी,
उनकी उंगलियां जल-जल जाती थी।।

कोई लाया खिलौना, कोई खावे पकवान,
कोई झूला झूलकर, मनावे अपनी ईद।
चाहे थी कीमत पास में सीमित,
मगर, हामिद लाया चिमटा खरीद।

हाँ वो चिमटा अब बेशक आग में जलेगा,
मगर हामिद के मन की मौज हो गई।
नन्हें हामिद का खालिद प्रेम तो देखो,
वो तपन, अब बूढ़ी उँगलियों को मोहताज़ हो गई।।

मनोदशा

अगर मगर और काश में हूँ,
मैं खुद की तलाश में हूँ।
जाने कहाँ खो गया हूँ,
अब पहले सा नहीं रह गया हूँ।

डरता नहीं खुद को आजमाने में
फिर भी
ढूँढता फिर रहा हूँ खुद ज़माने में।
जाने कैसे मोड़ पर आ गई ज़िन्दगी,
कभी सपने थे उड़ने के आकाश में,
आज समय कटता है सिर्फ काश में।

मगर
'आज भी' ऐ किस्मत तुझसे ऐंठा हूँ,
मेहनत से हासिल करूँगा सब कुछ,
तेरे भरोसे नहीं बैठा हूँ,
आज फर्श पर हूँ तो पूछता है कौन,
कल अर्श पर पहुँच जाऊँ, तो
कोलाहल करेगा मेरा आज का मौन।।

शिवम सरले

मैं अकसर जज्बातों को लिखने का प्रयत्न करता हूँ, कभी जीवन के उतार-चढ़ाव पर लिखता तो कभी प्रेम के सागर में गोते लगाता। हिंदी माध्यम का विद्यार्थी होते हुए मेरी रुचि आरम्भ से ही हिंदी कविता/कहानी लेखन व पठन में रही है। विद्यार्थी जीवन अनुसरित करते हुए विद्यालय, कोचिंग (कोटा) एवं महाविद्यालय (IIT इंदौर) में जो कुछ भी अनुभव प्राप्त हुआ। साथ ही जब भी कभी मन में लिखने की इच्छा उत्पन्न होती; लिखते रहता।

अपने इस थोड़े से अनुभव से मैंने कुछ रचनाएँ लिखी है, जिन्हें मैं विभिन्न मंचों पर सुनाते भी रहता हूँ, आपके साथ साझा करना चाहूँगा।

गाऊँगा गुणगान तेरा

चाहे शब्द नहीं हो पास मेरे,
या नींद भरी हो आँखों में।
चाहे तन को जलाती गर्मी हो,
या थर से कपाती सर्दी हो।।१।।

चाहे वायु भी मनमानी करे,
या सर से ऊपर पानी बहे।
बस डटकर तेरा लाल खड़ा,
जो गायेंगे गुणगान तेरा।।२।।

जिसके लिए न शब्द लगे,
जिसे गूंगे भी गाते हो।
जिसकी बाधा ना नींद बने,
जो सपनों में भी आते हो।।३।।

जिसके लिए न गर्मी लगे,
न सर्द है इन हवाओं में।
सरहद ना जिसकी सीमा हो,
न बटा नगर-गाँवो में।।४।।

"ऐसा है माँ गुणगान तेरा, सबसे सुंदर सबसे प्यारा।"

आरंभ कर

“ले आओ उन्हें जो बीते कल में रह गए।
सम्हालो उन्हें जो भावनाओं में बह गए।।”

वो यादें गत वर्ष की, गम की सी कुछ हर्ष की।
वो हस्तियां जो साथ थी, मस्तियां जो साथ की।।
समेट ले उन यादों को, भूले हुए वादों को।
लौट आ हर हाल में, तू इस नए साल में।।१।।

ले नइ उम्मीद चल पड़, कठिनाइयों से तू लड़।
कुछ हाथ न होंगे बाँह में, चलना हैं अकेले राह में।।
देख पीछे संसार खड़ा, कदम तु आगे तो बड़ा।
आरंभ कर दे साल का, नव-ज्वलित मिसाल का।।२।।

आरंभ कर......

नया सबेरा

उस अधूरे पन्ने को, वहीं मोड़ दिया हमने।
अब प्यार पर लिखना, छोड़ दिया हमने।।१।।

अब नहीं बताना, तुम पर कितना मरते हैं।
यादों से भरी यह डायरी, हम बंद करते हैं।।२।।

अब ना किसी से हम, तसल्ली उधार माँगेंगे।
कल नया सबेरा आयेगा, देखना हम जागेंगे।।३।।

हैरान हूँ

आज सुना जब लफ़्ज़ों से तेरे,
कि-आखिर कौन हो तुम मेरे?
जब जाना कि अनजान हूँ मैं,
नाराज़ नहीं अब हैरान हूँ मैं।।

हैरान हूँ कि तुम भूल गए,
उन कसमों को उन वादों को।
हैरान हूँ कि तुमने बदल दिए,
उन रस्मों को इरादों को।।

हैरान हूँ कि तुम खो दिए,
अपने उस खास यार को।
हैरान हूँ कि हम रो दिए,
जानकर इस बार तो।।

तुष्टि (संतोष)

किस बात पर लड़ना,
लड़ लिए जितना लड़ना था।
किस नाम पर मरना,
मर गए जितना मरना था।।१।।

किस काम को करना,
कर लिए जितना करना था।
किस हार पर हरना,
हार गए जितना हरना था।।२।।

किस आग में जलना,
जल लिए जितना जलना था।
किस बाग में खिलना,
खिल गए जितना खिलना था।।३।।

किस उम्र तक जीना,
जी लिए जितना जीना था।
किस चाह से मिलना,
मिल गए जिनसे मिलना था।४।।

बचपन

माँ की कहानी थी,
परियों का फ़साना था।
बारिश में कागज की नाव थी,
बचपन का हर मौसम सुहाना था।

हम न भूल पाएँगे वो दिन,
बहुत याद आएँगे वो दिन।
खुल के जीना भूल ही गये,
ऐ “आज़ाद” बचपन तेरे बिन।
गिनते थे उंगलियों से गिनतियाँ,
लगे है आज पैसे गिन।

दोस्त, अपनो के खातिर,
आज वक्त नहीं मिल पाता।
काम इतना हो गया,
दिन निकलते ही ढल जाता।

आओ मिलकर याद करें उन हसीन पलो को,
भूल जाये जीवन की सब मुश्किलों को।

तुम कहते रहना

तुम खुशियों की लहर में बहते रहना।
कि अब सुनेंगे हम, तुम कहते रहना।।

तुम कहते रहना उन सारी बातों को।
सुनेंगे गुजरी उन अकेली रातों को।।

रातों के उन मीठे-मीठे सपनों को।
आज सुनना है हमारे अपनों को।।

बस अब और हमें कुछ नहीं कहना।
कि अब सुनेंगे हम, तुम कहते रहना।।

ऋतिक शर्मा

जीवन के मार्मिक अर्थ को जानने में उत्सुकता रखने वाले ऋतिक पिछले एक वर्ष से अपने विचारों एवं भावो को लेख का रूप देने का कार्य कर रहे हैं। युवाओं को समय समय पर प्रेरणा देने के साथ-साथ सोशल मीडिया के माध्यम से जन-जन तक अपने विचारों को पहुँचा रहे हैं। समाज एवं देश के लोगों को समय-समय पर अलग-अलग विषयों पर जागरूक करने का कार्य भी सरफ़रोश के साथ मिल कर नुक्कड़ नाटक के जरिए करते रहते हैं। इनके विचारों का सर्वप्रथम प्रकाशन अल्फ़ाज में किया गया हैं। वे बेहद कम शब्दों में बेहद बड़ी बात बोलने के सिद्धांत पर चलते हुए अपने कई लेखों एवं विचारों के लिए युवाओं के प्रिय भी है। वर्तमान में वह इंदौर के आईपीएस एकेडमी से इंजिनियरिंग कर भविष्य के लिए कार्यरत है।

सम्पर्क :

Gmail -hritiksharma44789@gmail.com

Instagram- @h_ritiksharma, @cured_poet

Twitter- @h_ritiksharma

Facebook- HRitik Sharma

वो नकाब में क्यो होती हैं

कि जब-जब देखूँ उसे,
वो नकाब में होती हैं,
राह-चलते, सफ़र-करते,
वो नकाब में होती हैं...

डरी-सहमी सी रुह लिये,
ज़माने से वो छिपती हैं,
वो गुज़रे किसी सुन्न सड़क से,
अकेली, काँप उठती हैं।
राह-चलते, सफ़र-करते,
वो नक़ाब में होती हैं...

बचते-बचाते ज़माने से,
दबे पाँव घर पहुँचती हैं,
चैन की साँस लेते सभी,
वो जब, सलामती से लौटती हैं।
राह-चलते, सफ़र-करते,
वो क्यों नक़ाब में होती हैं...

कि जब देखूँ नक़ाब कोई,
हर नकाब में वो दिखती हैं,
उसे नक़ाब में क़ैद देख,
मन में, घुटन-सी होती हैं...

राह-चलते, सफ़र-करते,
वो क्यों नक़ाब में होती हैं...

क़ुर्बानी

ग़लत नहीं हूँ, हाँ मग़र ग़लती मेरी है,
बरबाद ही सही, ज़िन्दगी मेरी है,

जो समझ न पायी तुम, हालात मेरे,
नाक़ाम तुम रही, नाकामी मेरी है,

अब माथे पर इलज़ाम भी हैं, दगा का,
जो मुज़रिम मैं हूँ, बदनामी मेरी है,

वो कहते है मोहब्बत में, कुर्बां हुई तुम,
किसे पता, तुम्हें यूँ खोना, कुर्बानी मेरी है...

इंसानियत

जब मामला धार्मिक हो,
दो धर्म आपस में लड़ते हैं,
जब मामला ज़ात का हो,
तो एक ही धर्म की दो ज़ात आपस में लड़ती हैं,
जब मामला सामुहिक हो जाए,
एक ही ज़ात के दो गुट आपस में लड़ते हैं,
और जब मामला व्यक्तिगत हो जाए,
एक ही गुट के दो लोग आपस में लड़ते हैं....

इंसान-इंसान से लड़ता है,
इंसान-इंसान को मारता है,
मरता इंसान है-मारता इंसान है...

क्योंकि...
हर इंसान अपने स्वार्थ के लिए लड़ता है।
किसी भी जाती, धर्म या समुदाय के बहकावे में आकर
हिंसा फैलाना पागलपन है।
सच यही है कि दुनिया में सिर्फ एक ही धर्म है
और वो है : "इंसानियत"

सच्ची है या नहीं

सच्ची है या नहीं, जाने किसे पता,
पता नहीं, है मोहब्बत, या है कोई खता,

खता जो हुई, न कहना इसे साज़िश,
साज़िश जो हुई, करना न रंजिश,

रंजिश में हमसे, न यूँ उलझना,
उलझ जो गये हो, अब न सुलझना,

सुलझ कर बढ़नी है दूरी इस कदर,
कदर को भटकेंगे हम यूँ दर-बदर,

दर-बदर की ठोकर खिलाकर,
खिलाकर बद्दुआ यूँ ज़माने की,

रिहा कर, चंगुल से अपने,
बख़्श दे अब, रूह मेरी,
रिहा कर, चंगुल से अपने,
बख़्श दे अब, रूह मेरी...

Quotes

1.
मैं ठहरा किसी पेड़ में उलझी पतंग-सा,
मुझे पाने के चक्कर में हमेशा के लिए खो दिया ना...

2.
गर्द की परत-सी जमने लगी है, ख़्वाबों पर मेरे,
एक अरसा हो गया देख जिन्हें...

3.
कल रात दिल का दरवाज़ा खुला क्या छोड़ा...
कोई धड़कन चुरा ले गया।

4.
इक अरसे से मोहब्बत सजा रखी थी इन निगाहों में हमने,
जो देखा तुझे, छलक उठी।

5.
तेरे हाथों में रची ये सुर्ख़ मेंहदी,
और उसमें छिपा मेरा नाम,
कोरे काग़ज़ पर लिखी ग़ज़ल है कोई,
मेरा ही ज़िक्र है हर शेर में जिसके।

6.
धुँआ देख दौड़ आए जो घर की ओर,
घर असल में उन्हीं ने जलाया था

7. (लेखकों के लिए)
दर्द सभी का एक-सा, बस शब्दों का फेर है,
जो मोहब्बत है इनकी, उसकी चाहत कोई ग़ैर है।

8.
किसी मोर के पंख की तरह दबाये हुए है,
मेरे ख़त उसने, डायरी में आज भी अपनी...

9.
अक़सर पीछे छूट जाती हैं वक़्त से, घड़ी मेरी,
लगता है अब कांटे, बूढ़े हो चले है...

10.
पछताना नहीं, अभी आगाह किए देता हूँ,
कयामत ही अंजाम-ऐ-मोहब्बत है।।

11.
एक तस्वीर खींचनी है मुझे...
जिसमें तुम साथ भी रहो और खुश भी।

12.
मैं ठहरा बंद किवाड़ो-सा,
कोई दस्तक तू अनजान-प्रिये...

13.
चलो! आज सिक्का उछाल, फ़ैसला किए देते हैं,
जो चिट आया, तुम ग़लत, और जो पट आया तो मैं सही ...

14.
वो चंद ख़त, जवाब में जिनके, मुझे बेतहाशा नफ़रत मिली,
असल में वो उस तक कभी पहुँच ही नहीं पाएं...

15.
शायद उस सितारे को चमकने के लिए...
अँधेरे की ज़रुरत है

16.
उसे बेवक्त याद करने से अच्छा है,
वक़्त रहते भूल जाना...

17.
अबकी बार फाँस ही लूँगा तुम्हें,
इक शेर बखूबी बुना है मैंने।

18.
मेरी घड़ी में उलझें,
तुम्हारे दुपट्टे के रेशों के बीच कहीं,
इश्क़ पनप उठा...

शिवानी मिश्रा

साहित्य की प्रेमी, लेखन और नृत्य में रुचि रखने वाली शिवानी मिश्रा पिछले 2 सालों से लेखन का कार्य कर रही है, परंतु यह उनकी पहली किताब है जिसमें वह सह लेखक के रूप में प्रकाशित हो रही है। शिवानी एक ऐसी लड़की जिसने बचपन से ही अपनी जिम्मेदारियों को संभालना सीखा और हर परिस्थिति में खुद को ढाल उन परिस्थितियों को अपनी कलम से लोगों तक पहुँचा रही है। शिवानी बीकॉम ग्रैजुएट है और साथ ही 10 साल से जॉब करती आ रही है और वह मानती हैं कि "जिंदगी एक सफर" से जुड़कर उनकी एक और अलग छवि दुनिया को देखने को मिली।

Email and fb id- mishrashivanimahindra@gmail.com

Insta id- mithivani3975

1.

तुम्हें रोज रोज याद किया था हमने पर तुम ना पिघले।
फिर तुम्हारे एक रोज याद करने से हम कैसे पिघले।।

2.

यूँ तो वक्त ने बहुत कोशिश की थी हमें तुमसे जुदा करने की।
हार गया वक्त भी हमसे तुम्हें पाने की ख्वाहिश जो देखी।।

3.

दुनिया में वोह सब मिले जिन्होंने मेरा फायदा उठाया।
बस ना मिला तो वो जो मुझे प्यार करने को बनाया।।

4.

यूँ तो कई दर्द छुपाकर रखे हे सीने में हमने।
पर वो दर्द ही क्या जो दर्द ना दे हमें।।

5.

दर्द क्या होता है शायद तुम कभी ना समझो,
क्यूँकी तुमने सिर्फ दिया है और हमने सहा है।।

6.

तारीफें मोहब्बत हम क्या बयां करेंगे।
फनाह हुए जो लोग मोहब्बत में वो इसे बस मोहब्बत कह गए।।

7.

सुनो जरा तुम उनसे कहो ना कि वोह अपना ख्याल रखे।
सुना है आज कल तुम्हारी सब सुनते हे।।

8.

समझाया तो बहुत दिल को यूँ ना घूरो उन्हें।
कहीं हमारी नजर से भी नफरत ना हो जाए उन्हें।।

9.

धीमी सी महक वोह सबको घायल कर गई।।
धरती भी फिर बादल से इश्क़ कर गई।।

10.

पागल हम इतने है उनके लिए।
जैसे कोई दिल की धड़कन होती है दिल के लिए।।

11.

मन नहीं कुछ कहने का तुम खामोशी पड़ सकते हो तो पड़ लो।
लफ़्ज़ों की सफाई नहीं देना मुझे, तुम ऐसे ही खुद में समा लो।।

12.

यादें तुम्हारी कुछ इस कदर मेरे जहन में समाई।।
जो ना याद किया तुमें तो ये साँसें थम आई।।

13.

इश्क़ की टक्कर में दो दिल लड़ पड़े।
हालत-ए-इश्क बयां खुद का कर दोनों ही रो पड़े।।

14.

गलियों से गुजरे कई आशिक हमारे।
पर ये दिल उसके नुर को बेताब था।।

15.

यूँ तो दीदार-ए-मोहब्बत हर किसी ने फरमाई होगी।
मेरी मोहब्बत की उसकी रजा ना मिली तो ये बेवफाई होगी।।

16.

जनाब फिर कुछ इस कदर निकले हमारी गली से।
जैसे कोई अहसान किया हो बस्ती पर हमारी उसने।।

17.

दर्मियों का फसला कुछ यूँ था।
मैं तो ता-उम्र को उनकी, फकत वोह मेरा ना था।।

18.

सूनी करके वोह गलियां मेरे यार की।।
खुद कह चले हम आज भी जान है उस राज-ऐ-हसीं वफाई की।।

19.

अखियाँ जो नम हुई नाम उसका सुनकर।
दिल फिर धड़कने लगा उसके इंतेज़ार में।।

20.

आवाज में उसकी वोह कशिश थी।
दूर होकर भी उससे में उसके करीब थी।।

21.

दगा कर भी लूँ दुनिया से।।
माँ-बाप की खातिर खुद को मजबूत बनाना पड़ा।।

22.

जब थक जाओ दुनिया के शोर से तो खुद को छुपा लेना।
जब करें मन हवा में उड़ने का तो आँसू बहा देना।।

23.

आँखों में उनके कुछ अश्क़ थे मेरे इश्क़ के।
मोहब्बत-ऐ-ज़िन्दगी वोह अपनी दे गया मुझे।।

24.

चाहतों ने भी फिर कुछ खताये की होंगी।
यूँही नहीं हर मोहब्बत अधूरी होती।।

25.
नजरों में उसने मुझे इस कदर छुपा लिया।।
मैं तो कोसो दूर थी उससे फिर भी खुद में उसको सामा लिया।।

26.
नादान-ऐ-इश्क इसे फुर्सत कहा।
अंजाम-ऐ-मोहब्बत से ऐ बेखबर कहा।।

27.
खुशियों के चादर से डर लगता है अब तो।
कहीं होठों की हसीं कोई हवा उड़ाकर ले गयी तो।।

28.
थम जाता गर ये दरियां मोहब्बत का।
तो हम भी इसमें डूब कर खुदको पवित्र कर लेते।।

29.
मेरे इश्क की तासीर वोह क्या जाने।
बर्फ भी पिघलती हैं दूसरों के बदन का दर्द मिटाने।।

30.
इश्क़ में उनके हम इतना मगरूर हुए
ना खुद की खबर थी, ना दिल की फ़िकर थी,
शायद इसीलिए हम चूर-चूर हुए

31.
उसके लफ्ज़ो को ना समझूँ ये गलती हो सकती हैं।
उसकी आँखें ना पढ़ पाऊं इतनी भी नादान ना थी।।